Cahier CE2

J'apprends à rédiger

Françoise Picot
Inspectrice de l'Éducation nationale

Yolande Gonnet
Professeure des écoles – Maitre formatrice

Gisèle Hosteau
Conseillère pédagogique

CONFORME AUX PROGRAMMES nouveauté 2020

Mon nom :

____

____

W0337972

Cet ouvrage est conforme à la nouvelle orthographe
www.orthographe-recommandee.info

Le papier de cet ouvrage est composé de fibres naturelles, renouvelables, fabriquées à partir de bois provenant de forêts gérées de manière responsable.

Nathan

Avant-propos

Ce cahier propose des **activités d'écriture** en complément des **séquences de grammaire**, quels que soient la démarche et le manuel utilisés en classe. Grâce à ces activités, les **élèves apprennent à mobiliser leurs connaissances grammaticales** dans le cadre de véritables situations d'écriture, comme le recommandent les programmes.

En même temps, ils **apprennent à écrire des textes courts et variés** en mettant en œuvre les étapes de l'acte de production d'écrit : recherche d'idées, planification, rédaction, révision.

Le cahier se compose de **30 séquences** comprenant **3 séances de productions d'écrits** avec un **guidage** plus ou moins prononcé **de l'enseignant(e)**.

1 En conformité avec les programmes 2018

Le cahier répond aux recommandations faites par le Ministère dans le BO n° 3 du 5 avril 2018 :

« *Toute leçon de grammaire doit trouver son prolongement et son application dans des activités d'écriture aux formes variées.* »

Cette recommandation est reprise et développée dans le BO n° 31 du 30 juillet 2020 :

« *Il est important d'établir un lien entre la rédaction de textes et l'étude de la langue en proposant des situations d'écriture comme prolongements à des leçons de grammaire et des situations de révision de son écrit en mobilisant des acquis en orthographe.* »

L'utilisation de ce cahier va également permettre aux élèves d'acquérir la compétence de fin de cycle 2 définie dans le BO n° 31 du 30 juillet 2020 :

« *– Copier ou transcrire, dans une écriture lisible, un texte d'une dizaine de lignes en respectant la mise en page, la ponctuation, l'orthographe et en soignant la présentation.*

– Rédiger un texte d'environ une demi-page, cohérent, organisé, ponctué, pertinent par rapport à la visée et au destinataire.

– Améliorer un texte, notamment son orthographe, en tenant compte d'indications. »

2 Réinvestir les notions grammaticales étudiées

Les notions grammaticales réinvesties dans la production d'écrit sont celles qui sont indiquées dans les **repères de progression pour le CE2** :

- La phrase déclarative, interrogative, impérative, la forme négative, la forme exclamative.
- La ponctuation de fin de phrase.
- Les constituants de la phrase : le sujet, le verbe, les compléments (sans distinction).
- Dans les groupes nominaux : le nom, le verbe, le déterminant (article défini, indéfini), le genre et le nombre.
- La conjugaison des verbes du 1er groupe et des verbes *être, avoir, aller, faire, dire, venir, pouvoir, voir, vouloir, prendre* au présent, à l'imparfait, au futur et au passé composé.
- L'accord sujet/verbe et les accords à l'intérieur du groupe nominal.

3 Mettre en œuvre les composantes de l'acte d'écrire

Les élèves réinvestissent des notions grammaticales mais apprennent également à produire un écrit. Or, produire un écrit est un acte complexe qu'ils doivent maitriser progressivement.

Les composantes de l'acte d'écrire sont désormais bien connues. Elles sont les suivantes :

- connaitre l'objectif du texte : raconter, informer, donner des ordres, décrire... ;

– rechercher des idées, des informations ;
– planifier, c'est-à-dire organiser les idées, les informations trouvées, suivant un plan correspondant au type de texte que l'on veut produire ;
– mettre en mots les idées et les informations planifiées dans l'étape précédente, c'est-à-dire écrire des groupes de mots, des phrases syntaxiquement structurées et orthographiquement acceptables avec le vocabulaire qui convient, relier ces phrases avec des marques temporelles, spatiales, des procédés de substitution et utiliser à bon escient les temps ;
– réviser le texte pour vérifier s'il correspond à son objectif, son type, qu'il soit cohérent et syntaxiquement et orthographiquement correct.

L'étape privilégiée au CE2 est la **mise en mots**. Les idées sont données, le plan est indiqué, le vocabulaire est proposé ; les élèves doivent mettre en mots et réviser leur écrit. Dans quelques séquences, les idées et le vocabulaire sont à rechercher collectivement.

Dans chaque séquence, les élèves **révisent** les écrits produits au niveau de la ponctuation, de la syntaxe de la phrase, des temps employés, du vocabulaire utilisé et de l'orthographe lexicale et grammaticale.

4 Rédiger des écrits courts et variés

Dans ce cahier, les écrits des élèves sont courts (**de 5 à 12 lignes**) et variés :
– des récits réels ou de fiction ;
– des recettes, une fiche de fabrication, des règles, un itinéraire, des conseils, des interdictions ;
– des descriptions de scènes de vie, d'une cabane, des portraits de personnages ;
– des comptes rendus d'évènements vécus ou imaginés, des faits divers ;
– des dialogues, des questions, un questionnaire ;
– des arguments pour convaincre ;
– des suites d'histoires, des souvenirs.

5 L'organisation du cahier

Chaque séquence est organisée sur une double page. Les compétences liées aux notions grammaticales développées sont indiquées dans la rubrique : ***Ce que je dois faire***.

• **Sur la page de gauche**, deux activités avec un guidage fort permettent de mobiliser des connaissances grammaticales, d'apprendre à :
– enrichir des groupes nominaux, des phrases ;
– écrire des phrases structurées et bien ponctuées ;
– réinvestir une ou deux notions grammaticales explicitement indiquées ;
– conjuguer des verbes.

• **Sur la page de droite**, les élèves rédigent de courts textes de types différents en se référant à ce qu'ils ont fait dans les activités de la page de gauche. Ils s'appuient sur des modèles, comme le recommandent les programmes de 2018, ou s'expriment plus librement en suivant des consignes pour produire un écrit cohérent. Pour cette production, le vocabulaire est donné ou est à rechercher avant d'écrire.
Après la production, des aides sont données aux élèves pour leur permettre de réviser leur texte.

• **À la fin du cahier**, les **tableaux de conjugaison** (p. 66-69), la liste des **mots invariables** (p. 70) et des propositions de **prénoms d'enfants** classés par ordre alphabétique (p. 71) constituent des aides supplémentaires pour permettre aux élèves d'écrire et de réviser leur écrit.

Comment conduire une séquence ?

Les séquences sont **indépendantes** les unes des autres. Elles peuvent être conduites dans un ordre différent de celui du cahier afin de respecter la progression en grammaire de la classe.
Elles peuvent être également menées **quels que soient la démarche et le manuel utilisés** pour enseigner la grammaire.
Chaque séquence est conduite sur **deux à trois séances** dont la longueur est à adapter aux capacités et aux besoins des élèves.

1 Ce que je dois faire

Pour que les élèves mobilisent leurs acquis grammaticaux quand ils rédigent un texte, il convient, avant toute production, d'**attirer leur attention sur les notions grammaticales** qu'ils vont devoir utiliser.
- Commencer par lire la rubrique ***Ce que je dois faire*** et en expliciter le contenu en faisant le lien avec la ou les séquences de grammaire correspondantes réalisées dans la classe.

2 Réaliser les activités de la page de gauche

Puisque la plupart des éléments sont donnés, les erreurs orthographiques doivent être peu nombreuses.
- Veiller à ce que les élèves soient attentifs à la ponctuation et à l'orthographe des mots en insistant sur les accords à ne pas oublier. **La vigilance orthographique est essentielle dans toute production d'écrit**.
- À la fin de chaque activité, faire relire silencieusement par chacun ce qu'il a écrit, en précisant : « Tu vérifies s'il y a une majuscule et un point à chaque phrase, si tu as écrit la bonne terminaison des verbes, etc. ».
- Pour conclure l'activité, il est possible d'échanger sur les phrases ou les textes obtenus afin de pointer les éventuelles incohérences, d'en discuter et de les modifier.

3 Réaliser l'activité de la page de droite

- Rappeler les notions grammaticales à utiliser et ce qui a été vu dans les activités de la page de gauche.
- Si le vocabulaire n'est pas donné, le faire chercher et compléter le réservoir de mots.
- S'assurer que les mots trouvés sont correctement orthographiés à l'aide des pages situées à la fin du cahier et/ou du dictionnaire.
- Les consignes d'écriture sont précises, elles correspondent à ce qui est indiqué dans les repères de progression du CE2 : « *Identifier les caractéristiques propres à différents genres ou formes de textes. Mettre en œuvre une démarche d'écriture de textes : trouver et organiser des idées, élaborer des phrases qui s'enchainent avec cohérence, écrire ces phrases (démarche progressive : d'abord guidée, puis autonome).* »
- Une fois leur texte écrit, les élèves le révisent, guidés par l'enseignant(e) à l'aide des éléments fournis dans le bas de chaque page de droite.
- Quand les textes sont revus, il est possible d'en écrire un au tableau (correctement orthographié) pour échanger sur le respect des consignes d'écriture, sur sa cohérence et pour le modifier.

4 Différenciation

Les élèves qui en ont besoin peuvent être regroupés par l'enseignant(e) qui les aidera dans leur production. Pour cela, il ou elle leur fait énoncer les phrases avant qu'ils ne les écrivent et les aident à mobiliser leurs connaissances grammaticales au moment de la mise en mots.

Sommaire

ISBN : 978-2-09-124265-1

1 Écrire des phrases au présent
Écrire des groupes nominaux

Ce que je dois faire :

- écrire des groupes de mots qui désignent des personnes ou des choses ;
- écrire des phrases au présent ;
- écrire les verbes à la 3e personne du singulier.

1 **Recopie** les groupes de mots dans la bonne colonne du tableau, puis **souligne** de la même couleur la personne et ses objets.

un sèche-cheveu – des quilles – le jardinier – la jongleuse – des clous – la coiffeuse
une bêche – le menuisier – des ciseaux – le marteau – des cerceaux – un râteau

Les noms qui désignent une personne	Les noms qui désignent une chose	
....	....	....
....	....	....
....	....	....
....	....	....
....	....	....

N'oublie pas les majuscules et les points.

2 **Écris** des phrases pour dire ce que fait chaque personne (exercice 1) avec l'un de ses objets. **Utilise** les mots ou les groupes de mots de la liste.

enfonce – coupe les cheveux – travaille la terre – lance

a. ....

b. ....

c. ....

d. ....

3 • Toute la famille de Tim participe à l'opération « nettoyage du ruisseau » organisée par la mairie du village. **Écris** ce qu'ils font.

• **Tu peux utiliser** le réservoir de mots ou en **écrire** d'autres.

Réservoir de mots

son papa • sa maman son frère • sa sœur sa tante • sa cousine son papi • sa mamie	un sac en plastique une vieille chaussure un pneu très usé une boite de conserve un bidon le bord du ruisseau l'eau	ramasse trouve regarde retire dépose enlève porte

Le nettoyage du ruisseau

• Le papi de Tim ....

....

• L'oncle de Tim ....

....

• ....

....

• ....

....

Vérifie si tu as bien mis les majuscules et les points ; si tu as bien recopié les mots et si tu as mis la bonne la terminaison aux verbes. **Modifie** si tu as fait des erreurs.

2 Écrire des phrases au présent
Utiliser la ponctuation

Ce que je dois faire :

- mettre une majuscule au début des phrases et aux prénoms ;
- mettre le point qui convient à la fin des phrases ;
- écrire la bonne terminaison des verbes au présent.

1 **Récris** ce texte correctement. **Mets** les majuscules et les points.

Mamie veut déménager

mes grands-parents habitent à la campagne dans une maison avec un grand jardin papi louis est fatigué de tondre la pelouse et mamie liliane veut habiter plus près de nous est-ce qu'ils vont déménager

....

....

....

....

2 **Retrouve** puis **recopie** la fin de chaque phrase.

... voulez venir habiter dans notre immeuble ?
... téléphone à Papi :
... sont d'accord.
... réfléchissent.

Papa ....

– Est-ce que vous ....

Pendant la journée, Papi et Mamie ....

Finalement mes grands-parents ....

3 **Remets** les mots dans l'ordre pour écrire une phrase. **N'oublie** pas la majuscule et le point.

d'habiter – ma grand-mère – mon grand-père – tout près de nous – décident – et

....

....

4 **Écris** une ou deux phrases pour décrire les bêtises de ces enfants.

Réservoir de mots

avec • pendant • le chien • le tiroir • les assiettes
une boite de chocolats • une chaise • les poils
joue/jouent au coiffeur • dessine/dessinent
coupe/coupent • es/est • monte/montent

Regarde p. 71 pour donner des prénoms aux enfants.

Kim donne toutes les croquettes au chat.

....

....

....

....

....

....

....

....

....

....

....

....

Vérifie tes phrases : les majuscules, la ponctuation, l'orthographe des mots de vocabulaire et la terminaison des verbes. **Modifie** si tu as fait des erreurs.

3 Écrire des phrases au présent
Enrichir des phrases

Ce que je dois faire :

- mettre les majuscules et les points ;
- ajouter des informations dans une phrase ;
- écrire la bonne terminaison des verbes au présent.

1 **Écris** quatre phrases avec un groupe de mots de chaque liste.

mon cousin – mon cousin et ma cousine
ma cousine et moi – ton cousin et toi

chantons ensemble – rêvent de voyages
apprend le piano – préparez un exposé

N'oublie pas les majuscules et les points.

- ....
- ....
- ....
- ....

2 **Récris** chaque phrase de l'exercice 1. **Ajoute** des informations, parmi celles de la liste, pour dire à quel endroit cela se passe.

au supermarché – au conservatoire – devant un paysage de montagne
à l'école – dans une chorale

- ....
....
- ....
....
- ....
....
- ....
....

3 **Écris** l'histoire racontée par ces vignettes.

- **Tu peux utiliser** le réservoir de mots et également **écrire** d'autres mots.

Réservoir de mots

une famille • les parents • la petite fille • le garçon
un miaulement • la chatte Coco • ses chatons • tout le monde
dans la cuisine • dehors • sous la table • dans le placard • sous l'évier
entend/entendent • cherche/cherchent • regarde/regardent • déjeune/déjeunent
miaule/miaulent • trouve/trouvent • mange/mangent

....

....

1 ....

....

2 ....

....

3 ....

....

4 ....

....

Vérifie tes phrases : les majuscules, la ponctuation, l'orthographe des mots de vocabulaire et la terminaison des verbes. **Modifie** si tu as fait des erreurs.

4 Écrire des phrases au présent
Écrire des groupes nominaux

Ce que je dois faire :
- écrire des groupes nominaux au singulier et au pluriel ;
- écrire la bonne terminaison des verbes au présent ;
- écrire le lieu où se passe l'action.

1 **Complète** la liste des animaux que Timéo compte dans le jardin de son voisin.

cheval – tortue – chiens – pigeons – chèvre – lapin

- un ....
- deux ....
- une ....
- un ....
- deux ....
- une ....

2 **Recopie** ce texte. **Ajoute** les informations manquantes et **écris** les verbes avec la terminaison qui convient.

son enclos – le pré du voisin – dans les arbres – au soleil – au pied du mur

Timéo regarde par la fenêtre

Dans ..., le cheval (galope/galopent) et les chiens (aboie/aboient). Dans ..., la chèvre les (regarde/regardent). La tortue de Timéo (se repose/se reposent). ..., elle (fait/font) une sieste ...., les pigeons (fait/font) beaucoup de bruit. « (Voulez/Veux)-vous vous taire ! » pense-t-elle.

....

....

....

....

....

....

....

....

3 Quelle histoire imagines-tu à partir de cette image ?

- **Utilise** les mots du réservoir pour **écrire** tes phrases.
  Tu peux également **écrire** d'autres mots.

Réservoir de mots

une fille de huit ans • ses vacances • une maison • la campagne • les pièces • les coins
des empreintes • un passage secret • un mur • une cheminée
tous/toutes • vers • partout • dans
vont • a • est • passe • entre/entrent • regarde/regardent • visite/visitent
explore/explorent • voit/voient • trouve/trouvent

a. **Présente** Théa et son chien.

Théa ....

....

Elle ....

....

....

b. **Écris** où elle se trouve et ce qu'elle fait.

Elle ....

....

....

c. **Écris** ce qu'elle découvre.

Soudain, ...

....

Elle ....

et ....

....

- **Vérifie** tes phrases : les majuscules, la ponctuation, l'orthographe des mots de vocabulaire et la terminaison des verbes. **Modifie** si tu as fait des erreurs.

5 Écrire des phrases au présent
Utiliser des pronoms personnels

Ce que je dois faire :

- mettre la ponctuation qui convient ;
- employer les pronoms personnels sujets ;
- écrire la bonne terminaison du verbe.

1 **Écris** qui se cache derrière le pronom en couleur.

un bébé – des guépards – un écolier – des vélos – la Lune – des coureurs – un médecin

- Je bois un biberon la nuit et plusieurs fois par jour. ....
- Tu as des devoirs à faire avant de jouer. ....
- Il soigne des personnes malades. ....
- Elle est parfois ronde et parfois en forme de croissant. ....
- Nous voulons remporter la course. ....
- Vous êtes de magnifiques félins. ....
- Ils ont deux roues, une selle et un guidon. ....

2 **Recopie** le texte avec les pronoms personnels manquants.

À la récréation

Martin et Anna organisent un jeu dans la cour. ... présentent les règles aux autres élèves.
– Voulez- ... jouer avec ... ? demandent-....
– Moi, ... suis d'accord, dit Bilal.
– Moi aussi, dit Léon, mais ... devez m'expliquer les règles.

....

....

....

....

....

3 **Écris** les paroles des bulles de ces vignettes. **Commence** tes phrases par un pronom personnel sujet : je, tu, il, elle, nous, vous, ils ou elles. **Mets** la ponctuation qui convient.

Réservoir de mots

1	2	3	4
avons solution	vais à droite • à gauche	pouvez • ranger chambre	aussi voulons • gouter

1

2

3

4

Vérifie tes phrases : les majuscules, la ponctuation, le choix du pronom, l'orthographe des mots de vocabulaire et la terminaison des verbes. **Modifie** si tu as fait des erreurs.

6 Utiliser l'infinitif des verbes

Ce que je dois faire :

- mettre une majuscule au début de la phrase et un point à la fin ;
- utiliser l'infinitif des verbes.

1 **Recopie** le texte avec les parties de phrases qui conviennent.

trouver une cape rouge – oublier le maquillage – prendre la robe rouge de sa maman
se déguiser en super héros – trouver dans la salle de bain

Le déguisement de Tom

Tom veut ... . Il doit ... . Pour cela il décide de ... . Il ne faut pas ... . Il pourra le ... .

....

....

....

....

....

2 **Écris** ce que tu aimes ou n'aimes pas faire. **Choisis** parmi les verbes et les groupes de mots ci-dessous.

Réservoir de mots

attraper • marcher • manger • regarder • écouter • sentir • avoir • être
les flocons de neige • les flaques d'eau • des glaces • des épinards • des dessins animés
les oiseaux • l'odeur des gâteaux • plein de billes • le premier à la course • en retard
sur des cailloux • des films tristes

J'aime ....

J'aime ....

Je n'aime pas ....

Je n'aime pas ....

3 À l'aide de ces règles du permis piéton, **écris** ce que tu dois faire ou ne pas faire dans chaque situation de l'image.

Les règles du permis piéton

Marcher sur le trottoir. Se serrer contre le mur quand on croise d'autres personnes. À rollers, rouler sur le trottoir en faisant très attention. À vélo, rouler sur la chaussée. Sur le passage piéton, regarder à gauche et à droite avant de traverser. Ne pas jouer au ballon sur un trottoir.

Situation 1. Je suis un piéton. Je ....

....

Situation 2. Quand je croise des gens, je ....

....

Situation 3. Avec des rollers, je ....

....

Situation 4. À vélo, je ....

....

Situation 5. Quand je traverse sur un passage piéton, je ....

....

Situation 6. Je ....

....

Vérifie tes phrases : les majuscules, la ponctuation, la terminaison des verbes et l'orthographe des mots de vocabulaire. **Modifie** si tu as fait des erreurs.

7 Écrire des phrases interrogatives

Ce que je dois faire :

- mettre la ponctuation du dialogue qui convient ;
- utiliser Est-ce que ;
- écrire la bonne terminaison des verbes au présent ;
- présenter un dialogue comme il convient.

1 **Recopie** ce dialogue correctement. **Mets** les majuscules et la ponctuation qui convient. **Va à la ligne** pour les paroles de Clara.

Pense à mettre le tiret qui indique que Clara parle.

La chute de Gabriel

dans la cour de récréation gabriel vient de tomber clara est près de lui est-ce que tu as mal est-ce que tu peux te relever gabriel veut bien que clara l'aide tu vois ça va déjà mieux dit clara

....

....

....

....

....

....

2 **Complète** chaque phrase avec un verbe de la liste. **Utilise** Est-ce que.

as vu – as rangé – as trouvé – as caché

- Léa a perdu son livre de contes. Elle demande à sa sœur :

.... mon livre de contes ?

- Victor ne trouve pas sa paire de rollers. Il demande à sa mère :

.... ma paire de rollers ?

- Virginie cherche ses clés. Elle demande à son mari :

.... les clés de la maison ?

3 Ton voisin ou ta voisine doit deviner chaque animal photographié. **Écris** trois questions qu'il ou qu'elle devra poser pour deviner le plus vite possible.

- **Utilise** Est-ce que au début de chaque question.
- **Tu peux utiliser** le réservoir de mots mais également **écrire** d'autres mots.

Réservoir de mots

Il • cet animal • est • vit • possède • vole • court
au bord de l'eau • dans des prairies • dans la savane
quatre pattes • de longues pattes • un long cou • un long bec • des plumes • des poils

Question 1 ....

....

Question 2 ....

....

Question 3 ....

....

Question 1 ....

....

Question 2 ....

....

Question 3 ....

....

Question 1 ....

....

Question 2 ....

....

Question 3 ....

....

Vérifie tes phrases : les majuscules, la ponctuation et l'orthographe des mots.
Modifie si tu as fait des erreurs.

8 Écrire au présent
Écrire des déterminants et des noms

Ce que je dois faire :

- mettre la ponctuation qui convient ;
- écrire la bonne terminaison des verbes au présent à la 2e personne du singulier ;
- choisir le déterminant qui convient pour chaque nom.

1 **Complète** ce texte avec les noms proposés.
Ajoute les articles définis qui conviennent : le, la, l', les.

tête – yeux – dents – gueule – longueur – moustaches – langue

© www.stephopoloc.fr

Le gâteau « tête de loup »

.... du loup est réalisée avec un gâteau

moelleux au chocolat que tu coupes en deux dans le sens de ....

Pour faire .... et .... tu utilises des guimauves.

Tu plantes 3 mikados au chocolat de chaque côté pour faire ....

Tu ajoutes enfin un ruban acidulé rose pour représenter ....

qui pend en dehors de ....du loup.

2 **Explique** la recette de la salade de fruits à tes camarades. **Emploie** vous.

Presser deux oranges. **Verser** le jus dans un saladier. **Couper** les bananes en rondelles et les oranges en tranches. **Ajouter** les fruits coupés au jus préparé. **Remuer**. **Placer** au réfrigérateur.

Vous ....

....

....

....

....

3 **Écris** une phrase, sous chaque vignette, pour expliquer la recette des pommes au four.

- **Commence** chaque phrase par Tu et **conjugue** les verbes à la 2e personne du singulier.
- **Ajoute** un déterminant devant les noms ou groupes nominaux : le, la, une, les, un, du.

Réservoir de mots

trognon • pépins • trou réalisé • morceau de beurre • tranche de pain • 15 minutes
sur • dans • éplucher • enlever • placer • verser • disposer • verser • poser • laisser cuire

Les pommes au four

Ingrédients : des pommes, du miel, du beurre, du pain de mie.

Ustensiles : un couteau, une cuillère, un plat à four.

1

2

3

4

5

6

Régale-toi bien !

Vérifie tes phrases : la terminaison des verbes à la 2e personne du singulier, les déterminants des noms, les majuscules, la ponctuation. **Modifie** si tu as fait des erreurs.

9 Écrire les verbes *être*, *aller*, *avoir* au présent
Utiliser des pronoms personnels

Ce que je dois faire :

- écrire le pronom personnel qui convient ;
- employer être, aller et avoir au présent.

1 **Recopie** le texte. **Remplace** les prénoms en orange par : il, ils, elle ou elles.

Cousins, cousines

Jules et Hugo sont très sages. Jules et Hugo ne font jamais de bêtises. Leurs cousines, Nina et Louise, au contraire, sont pleines de malice. Nina et Louise voient souvent leurs cousins. Quand Nina dit à Hugo qu'il faut mettre du sel sur la queue des oiseaux pour les attraper, Hugo la croit.

....

....

....

....

....

....

....

....

2 **Écris** la suite qui convient pour chaque phrase. **Utilise** les phrases proposées.

Ils vont au planétarium.
Ils sont amis.
Il est content.
Il adore l'astronomie.

a. Arsène et Sacha sont voisins. ....

b. Sacha a une passion. ....

c. Ils préparent un exposé sur les étoiles. ....

d. Arsène découvre le planétarium. ....

3 • **Écris** trois phrases pour présenter chaque personnage. **Utilise** les verbes être, avoir et aller conjugués au présent.

• **Emploie** les pronoms je, il ou elle.

• **Tu peux t'aider** du réservoir de mots mais également **écrire** d'autres mots.

Réservoir de mots

la cigale • une fillette • un chat • un manteau rouge • des bottes rouges • une guitare
chez ma Grand-Mère • chez la fourmi • au château de l'Ogre

Je suis un pantin de bois.
J'ai un long nez. Je vais à l'école.

....
....
....
....

....
....
....
....

....
....
....
....

• **Vérifie** tes phrases : les majuscules, la ponctuation, l'orthographe des mots et la conjugaison des verbes être, avoir, aller au présent. **Modifie** si tu as fait des erreurs.

10 Écrire des verbes à l'infinitif
Écrire des groupes nominaux

Ce que je dois faire :

- mettre la ponctuation qui convient ;
- écrire un groupe nominal avec le déterminant qui convient.

1 **Recopie** chaque phrase avec le point qui convient : **.** ou **?**.

Conversation téléphonique

– Est-ce que tu viens demain ... Tu veux dormir à la maison ...

....

– Non, je fais juste une visite rapide ...

....

– C'est gentil ... Viens-tu seule ou avec Paul ...

....

2 **Recopie** ce poème avec les mots de la liste, de manière à faire des rimes.
N'oublie pas d'ajouter un déterminant devant chaque nom : **le**, **la**, **l'**, **un**, **une**.

feuille • mousse • plume blanche • pétale • minuscule coquillage

Dans mon carnet secret, j'ai collé ...

... rousse
Ramassée sur de la ...
...
Trouvée dimanche
...
Rapporté de la plage
... de rose
Et encore tant de choses

....

....

....

....

....

....

....

....

3 **Écris** des phrases pour expliquer comment peindre avec des billes.

a. **Écris** la liste du matériel nécessaire.

b. **Écris** chaque étape de l'activité. **Mets** les verbes à l'infinitif.

Réservoir de mots

boite en carton • feuille de papier • petite cuillère • billes • pot de peinture

Matériel

....

....

....

....

....

Les étapes de l'activité

1. feuille de papier • au fond de • boite • placer

....

2. peinture • tremper • billes • dans

....

3. billes • avec • petite cuillère • retirer

....

4. sur • billes • poser • feuille de papier

....

5. billes • dans tous • faire rouler • sens

....

Vérifie tes phrases : les majuscules, la ponctuation, les déterminants devant chaque nom, les verbes à l'infinitif. **Modifie** si tu as fait des erreurs.

11 Écrire des phrases au présent

Ce que je dois faire :

- mettre la ponctuation qui convient ;
- employer les verbes venir, faire, dire, voir, pouvoir, vouloir et prendre au présent.

1 **Écris** le texte en conjuguant les verbes au présent, à la 3e personne du singulier.

Voyager	Il voyage
Faire un long voyage.	....
Prendre l'avion.	....
Dire quelques mots à l'hôtesse.	....
Voir le paysage par le hublot.	....
Pouvoir enfin rêver.	....

2 **Recopie** ce texte avec les verbes de la liste.

prend – veut – fait – peut – va

Rêve d'artiste

Pablo ... devenir un artiste célèbre. Il ... souvent chez son professeur prendre des cours. Il ... ses pinceaux. Il ... une première ébauche sur la toile. Il ... reprendre plusieurs fois son travail pour l'améliorer.

....

....

....

....

....

....

....

3 La classe de CE2 reçoit un animateur nature. Les élèves lui posent des questions.

- **Utilise** le verbe souligné pour **écrire** la réponse de l'animateur.
- **Constitue**, pour chaque question, ton réservoir de mots.

Réservoir de mots		
1.	3.	5. ....
....	....	....
....	....	....
2.	4.	6. ....
....	....	....
....	....	....

1. Quand <u>allez</u>-vous faire vos observations dans la nature ?

....

2. Quel équipement <u>prenez</u>-vous, et pourquoi faire ?

....

3. Quels animaux <u>voyez</u>-vous le plus souvent ?

....

4. À quoi <u>faites</u>-vous attention pour les approcher ?

....

5. Pourquoi <u>voulez</u>-vous faire partager votre passion de la nature ?

....

6. Que <u>dites</u>-vous le plus souvent à quelqu'un qui ne respecte pas la nature ?

....

Vérifie tes phrases : les majuscules, la ponctuation, les déterminants et la terminaison des verbes. **Modifie** si tu as fait des erreurs.

12 Écrire des phrases à la forme exclamative

Ce que je dois faire :

- mettre la ponctuation qui convient ;
- identifier les fonctions des phrases exclamatives ;
- écrire des phrases exclamatives.

1 **Recopie** le texte avec la ponctuation qui convient.

La fin des vacances

Nadia reste assise devant sa tente ☐ Les vacances sont terminées ☐
Karim et Yasmina viennent la rejoindre ☐
– Tu pars déjà ☐ Quel dommage ☐ Pense à nous envoyer une photo de ton chien Toufou ☐

....

....

....

....

....

2 **Écris** des phrases à la forme exclamative pour exprimer : la colère, l'admiration, l'agacement, le découragement. **Utilise** les mots en orange dans ta production.

a. Gabin découvre son livre de lecture tout abimé dans la chambre d'Anatole.
Il va se plaindre à son père :

– *Anatole a abimé mon livre de lecture !*

b. Mina essaye de lire. Mais la musique de Charles la dérange. Elle lui dit :

– ....

c. Ophélie a une nouvelle trottinette. Ses copines, admiratives, disent :

– ....

d. En regardant le ballon coincé dans les plus hautes branches du noisetier, Victor pense que ce sera difficile de le récupérer :

– ....

3 **Lis** chaque situation et **imagine** ce que dit Martin à son chien Filou.
Écris des phrases déclaratives, des phrases exclamatives et des phrases interrogatives.

- **Constitue** ton réservoir de mots.

Réservoir de mots

....

....

....

....

1. Filou a les pattes pleines de boue. Martin craint que Filou ne le salisse.

« ....

.... »

2. Filou a le pelage recouvert de feuilles mortes. Martin lui demande où il est allé.

« ....

.... »

3. Filou sort de chez le toiletteur. Martin le complimente.

« ....

.... »

4. Filou ramène un bâton pour jouer. Martin le félicite.

« ....

.... »

5. Filou tourne autour de Martin en aboyant. Martin ne comprend pas.

« ....

.... »

Vérifie tes phrases : les majuscules, la ponctuation, la terminaison des verbes et l'orthographe des mots. **Modifie** si tu as fait des erreurs.

13 Écrire des phrases au futur

Ce que je dois faire :

- utiliser les pronoms personnels je, nous ;
- écrire des phrases qui ont un sens ;
- écrire la bonne terminaison des verbes au futur ;
- reconnaitre des phrases au futur.

1 **Recopie** seulement les phrases au futur.

Camille fait la tête !

Ce n'est pas la peine de faire cette tête-là, Camille ! Demain, tu iras aider ton grand-père. Il ne peut plus descendre de sa chambre avec sa jambe dans le plâtre. Tu passeras chez le boulanger et tu achèteras une baguette. Vers midi, je viendrai chez lui. Je ferai la cuisine et nous mangerons tous ensemble. Est-ce que tu as bien compris ?

....

....

....

....

....

N'oublie pas de mettre les majuscules et la ponctuation.

2 **Écris** trois phrases qui ont un sens avec les groupes de mots de la liste.

j'irai visiter – j'aurai – des pays lointains – un chien – quand nous aurons un jardin
quand je serai grand(e) – aux prochaines vacances – nous jouerons – une pièce de théâtre

- ....

....

- ....

....

- ....

....

3 **Lis** le début de l'histoire de Souricette. **Écris** ce que Souricette pourra faire pour aider le petit homme rouge et les activités qu'ils pourront partager.

- **Écris** les phrases au futur et **utilise** les pronoms je et nous.
- **Tu peux t'aider** du réservoir de mots mais également **écrire** d'autres mots.

Réservoir de mots

ferai/ferons • irai/irons • cuisinerai/cuisinerons • laverai/laverons • jouerai/jouerons
plierai/plierons • rangerai/rangerons • écouterai/écouterons • voulez/voudrez
le ménage • les courses • des gâteaux • de la musique • la maison
vos chemises • le linge • des jeux de société

Souricette

Souricette court après une très grosse noisette qui roule, roule. En la suivant, elle entre dans la demeure souterraine d'un petit homme rouge. Il referme la porte derrière Souricette et s'écrie : « Maintenant, vous êtes ma prisonnière ! »

– S'il vous plait, supplie Souricette, ne me faites pas de mal ! Je pourrai rendre service et partager des activités avec vous.

Je ....

....

....

....

....

Nous ....

....

....

....

....

Vérifie tes phrases : les majuscules, la ponctuation, l'orthographe des mots de vocabulaire et la terminaison des verbes. **Modifie** si tu as fait des erreurs.

14 Écrire des phrases au futur Écrire des adjectifs qualificatifs

Ce que je dois faire :

- écrire des adjectifs avant ou après le nom ;
- utiliser les pronoms personnels tu et vous ;
- écrire au futur à la 2e personne du singulier et du pluriel.

1 **Écris** la liste du contenu de ce coffre. **Construis** des groupes nominaux avec tous les mots proposés.

Noms	pierres – assiettes – colliers – couronne – dessin
Déterminants	des – un – une
Adjectifs	bleu – emmêlés – précieuses – dorée – argentées – grand

- ....
- ....
- ....
- ....
- ....

2 **Recopie** le texte avec les verbes de la liste conjugués au futur.

prendras – seras – feras – pourrez – irez – auras

Mission secrète

Demain, tu ... mon messager. Tu ... cette lettre et tu ... bien attention de n'en parler à personne ! Tu ... le temps de la donner au capitaine du bateau avant son départ. Vous ... dans sa cabine et alors vous ... ouvrir le message.

....

....

....

....

3 Tu es un pirate. **Choisis**, sur cette carte, le lieu où tu as enterré ton trésor.
Écris toutes les indications nécessaires pour que ton équipage retrouve le trésor.

- **Écris** les phrases au futur avec le pronom vous.
- **Utilise** des adjectifs pour bien décrire les lieux.

Réservoir de mots

irai/irez • tournerai/tournerez • avancerai/avancerez • continuerai/continuerez
passerai/passerez • prendrai/prendrez • trouverai/trouverez
petit • grand • cassé • noir • blanc / à droite • à gauche • tout droit • devant • derrière
le pont • la rivière • les volcans • l'arbre • la mare • les dunes • les crocodiles
les ossements • les palmiers • les roseaux • les rochers • le chemin

Carte de l'ile au trésor

Vous partirez de la plage.
Ensuite, vous ……………………

Vérifie tes phrases : les majuscules, la ponctuation, la terminaison des verbes, et l'accord des adjectifs. **Modifie** si tu as fait des erreurs.

15 Écrire des phrases au futur
Utiliser des compléments

Ce que je dois faire :

- écrire la bonne terminaison des verbes au futur ;
- écrire des phrases qui ont un sens ;
- écrire des compléments.

1 **Écris**, avec chaque liste de mots, une phrase qui a du sens. Puis **récris** chaque phrase en changeant de place les mots ou groupes de mots qui peuvent être déplacés.

achèterons – demain – nous – une tente – pour les vacances

....

....

....

Léo – des champignons – dans la forêt – après la pluie – ramassera

....

....

....

2 **Recopie** le texte avec les verbes de la liste.

prendrons – viendra – resterons – emmènera – visiterons – irons

Voyage avec Mamie

Mamie ... me chercher en juillet. Elle m' ... en voyage. Nous ... en Italie. Nous ... l'avion. Nous ... de nombreux monuments. Nous ... une huitaine de jours.

....

....

....

....

....

3 Les jumelles Chloé et Laura vont partir en Angleterre avec leur classe. **Écris** ce qu'elles vont faire.

- **Écris** les phrases au futur.
- **Utilise** des compléments pour situer les actions dans l'espace et dans le temps.
- **Tu peux utiliser** le réservoir de mots mais également **écrire** d'autres mots.

Réservoir de mots

fera/feront • emportera/emporteront • prendra/prendront
préparera/prépareront • mettra/mettront • n'oubliera pas/n'oublieront pas
retrouvera/retrouveront • ira s'assoir/iront s'assoir • montera /monteront
regardera/regarderont • arrivera/arriveront
valise • sac à dos • piquenique • habit • jeu • livre • téléphone
passeport • bus • meilleure amie • bateau • paysage • mer
sur • à côté de • très tôt le matin • dans la soirée

- Avant leur départ en Angleterre, Chloé et Laura ....
....
- Chloé ....
....
- Laura ....
....
- Elles ....
- Avec leur classe, elles ....
....
- Laura ....
....
- Chloé ....
....
- Puis elles ....
- Enfin elles ....

Vérifie tes phrases : les majuscules, la ponctuation, la terminaison des verbes et l'orthographe des mots de vocabulaire. **Modifie** si tu as fait des erreurs.

16 Écrire des phrases au futur
Écrire des adjectifs qualificatifs

Ce que je dois faire :

- écrire la bonne terminaison des verbes au futur ;
- ajouter un adjectif pour préciser le nom ;
- accorder l'adjectif en genre et en nombre avec le nom ;
- écrire au futur à la 3e personne du singulier et du pluriel.

1 **Recopie** le texte avec les adjectifs de la liste pour apporter des précisions sur chaque groupe nominal en gras.

rugueuses – raide – frais – grand – pur – confortables – formidable

Une cabane

Tom aura **une cabane** ... ! Elle sera dans un arbre. Elle aura **un escalier** très ... fabriqué avec **des planches** ... . **Un** ... **balcon** dominera la forêt. Assis sur **des fauteuils** ..., on sentira **l'air** ... et **le parfum** ... des rondins.

....

....

....

....

....

Pense à mettre les points.

2 **Retrouve** puis **recopie** la fin de chaque phrase.

seront heureux d'y venir avec nous – feront les murs – servira de plancher
fermera l'entrée – ferons notre cabane dans les arbres

a. Nous aussi, nous ....

b. Une grande plaque ....

c. Un grand rideau ....

d. Des branches garnies de feuilles ....

e. Je suis sûr que tous les copains ....

3 **Imagine** puis **décris** la cabane de tes rêves.
- **Écris** les phrases au futur et **emploie** il/elle et ils/elles.
- **Utilise** des adjectifs.

Pense à accorder les adjectifs !

Réservoir de mots

Verbes : être • avoir • faire • installer • fabriquer • construire • inviter • habiter • ...
Taille : toute petite • spacieuse • très grande • pas très haute • immense • ...
Forme : arrondie • triangulaire • toute tordue • carrée • ...
Emplacement : dans • la forêt • un jardin • une cour • un endroit secret • ...
Murs : avec • des planches • des branches • de la paille • de l'argile • ...
Toit : arrondi • très pentu • plat • couvert de mousse • des branchages • de grandes feuilles
Fenêtres : en papier • en plastique • en tissu • des volets • transparentes • minuscules

1. **Décris** sa taille et sa forme. Indique où elle sera installée.

La cabane de mes rêves ....

....

Sa forme ....

....

2. **Décris** le toit, les murs, les fenêtres (formes, couleurs, matériaux ...).

Le toit ....

....

Les murs ....

....

Les fenêtres ....

....

3. Qui inviteras-tu dans cette cabane ?

J'y ....

....

Vérifie tes phrases : les majuscules, la ponctuation, la terminaison des verbes, l'orthographe des mots et l'accord des adjectifs. **Modifie** si tu as fait des erreurs.

17 Écrire des verbes au futur

Ce que je dois faire :

- **écrire la bonne terminaison des verbes au futur ;**
- **écrire des phrases au futur.**

1 **Écris** une autre comptine en suivant le modèle ci-dessous. **Utilise** les verbes de la liste.

trottiner – ramper – marcher – sauter – sautiller – arriver

Un, je gouterai.	Un, je ....
Deux, tu mangeras.	Deux, tu ....
Trois, il avalera.	Trois, elle ....
Quatre, nous dévorerons.	Quatre, nous ....
Cinq, vous vous resservirez.	Cinq, vous ....
Six, ils auront mal au ventre.	Six, elles ....

2 **Recopie** ce texte. **Écris** les verbes au futur avec la terminaison qui convient.

La neige en hiver

Quand il y (**avoir**) de la neige, je (**faire**) une bataille de boules de neige avec mes copains. Ils (**venir**) me chercher. Maman me (**donner**) des bottes, des gants et un bonnet.

– Tu (**fermer**) bien ton manteau et vous n'(**aller**) pas sur la mare gelée, me (**dire**)-t-elle.

Dans le parc, nous (**aller**) faire de la luge sur une pente raide. Ce (**être**) une belle journée !

....

....

....

....

....

....

....

3 Anaïs et Gabriel souhaitent inviter leurs amis dans leur chalet, à la montagne, pendant les vacances d'hiver. Que leur diront-ils pour les convaincre de venir ?

- **Écris** les phrases au futur.
- **Tu peux utiliser** la liste des arguments ci-dessous mais également en **écrire** d'autres.

Arguments

- Voir un superbe endroit
- Avoir beaucoup de neige en février
- Pouvoir faire des batailles de boules de neige
- Creuser des tunnels dans la neige
- Faire de la luge
- Glisser sur des sacs poubelles
- Partager la même chambre
- Organiser des batailles de polochon
- Jouer à des jeux de société
- Faire nos recettes préférées : fondue, crêpes et châtaignes grillées

Venez à la montagne avec nous ! Vous ....

....

....

....

....

....

....

....

....

....

....

....

Vérifie tes phrases : les majuscules, la ponctuation, la terminaison des verbes au futur et l'orthographe des mots de vocabulaire. **Modifie** si tu as fait des erreurs.

18 Écrire des verbes au futur
Écrire des phrases déclaratives et interrogatives

Ce que je dois faire :

- **mettre la ponctuation qui convient ;**
- **écrire des phrases au futur ;**
- **écrire des questions.**

1 **Recopie** correctement ce texte avec les majuscules et la ponctuation qui convient (**. ? !**).

Rencontre avec un auteur

la maitresse a proposé d'inviter notre écrivain préféré dans la classe quelle bonne idée nous lui écrirons demain mais est-ce qu'il acceptera de venir

....

....

....

....

2 **Recopie** les réponses de l'écrivain aux questions des élèves.

Oui, le livre ser… prêt pour Noël. – Je terminer… ce livre avant l'été. Oui, mais vous retrouver… deux nouveaux personnages.

1. Est-ce que ce sera la suite de votre dernier roman ?

....

....

2. Est-ce que vous aurez bientôt fini d'écrire ce livre ?

....

....

3. Trouverons-nous bientôt le livre en librairie ?

....

....

3 Votre classe va accueillir un illustrateur de bande dessinée dans l'école. **Écris** les questions que vous devez lui poser pour organiser sa venue.

- **Écris** les questions au futur. Tu peux **commencer** ou non tes questions par Est-ce que.
- **Tu peux utiliser** les réservoirs de mots mais également **écrire** d'autres mots.

1. **Écris** plusieurs questions sur l'organisation de sa venue et de la journée.

Réservoir de mots

arriver • voyager • venir • déjeuner • rester • rencontrer • travailler
en voiture • en train • le matin • l'après-midi • la veille • à la cantine • un piquenique

....

....

....

....

....

....

2. **Écris** des questions sur ce que vous pourrez faire avec lui.

Réservoir de mots

dessiner • créer • coloriser • venir • travailler • rencontrer • réaliser • lire • utiliser
une planche de dessins • des vignettes de BD • l'ordinateur • les crayons de couleur

....

....

....

....

....

....

Vérifie tes phrases : les majuscules, la ponctuation, la terminaison des verbes, l'orthographe des mots de vocabulaire. **Modifie** si tu as fait des erreurs.

19 Écrire des phrases au passé composé
Écrire des phrases interrogatives

Ce que je dois faire :

- mettre la ponctuation qui convient ;
- écrire des phrases interrogatives ;
- écrire comme il convient des verbes au passé composé.

1 **Recopie** seulement les phrases au passé composé.

Aujourd'hui, Nils, un garçon de quatorze ans, est dans les airs, sur le dos d'un jars. Il y a plusieurs jours, un lutin a ensorcelé Nils. Hier, devenu minuscule, Nils a voulu empêcher Martin le jars de quitter la ferme. Il a atterri sur le dos du jars quand celui-ci a pris son envol. Et maintenant, il vole avec Martin. Son voyage sera long !

....

....

....

....

....

2 Tom vient de rentrer. Sa mère l'interroge. **Recopie** les paroles dans l'ordre.

Ils sont sales car j'ai rampé dans les roseaux • Où as-tu passé ta journée
As-tu demandé l'autorisation d'aller à l'étang • J'ai marché autour de l'étang
Non, je n'ai pas voulu t'inquiéter • Est-ce que tu as vu l'état de tes habits

La mère : Où ....

Tom : ....

La mère : As-tu ....

Tom : ....

La mère : Est-ce que ....

Tom : ....

3 Anna et Lucas élèvent une perruche, Plumette. Mais elle s'est enfuie. **Raconte** ce qui s'est passé. **Écris** huit phrases au passé composé.

Utilise le réservoir de mots.

Réservoir de mots

a nettoyé • a posé • a changé • a versé • a laissé • a hésité • a volé • a raconté
dans • sur • près de • dehors • vers • à
la cage • la fenêtre ouverte • l'eau de l'abreuvoir • des graines • la mangeoire
son perchoir • le vieux pommier • sa mésaventure

Hier matin, Anna ....

....

....

....

....

Tout à coup, Plumette ....

....

....

À midi, Anna ....

....

....

Lucas n'a rien dit. Il a placé des graines sur le bord de la fenêtre et il a attendu le retour de Plumette.

Vérifie tes phrases : les majuscules, la ponctuation, les verbes conjugués au passé composé et le sens des phrases. **Modifie** si tu as fait des erreurs.

20 Écrire des phrases au passé composé Écrire des groupes nominaux

Ce que je dois faire :

- écrire des groupes nominaux ;
- écrire des phrases qui ont du sens ;
- écrire des phrases au passé composé.

1 **Recopie** le texte. **Place** les verbes de la liste au bon endroit.

ai tourné – ai quitté – ai marché – n'ai pas trouvé – ai voulu

Mes clés !

J'... l'école à 16 h 30. J'... à gauche dans ma rue. J'... jusqu'à ma maison. J'... ouvrir la porte. Mais je ... mes clés.

....

....

....

2 **Relie** pour écrire des groupes nominaux qui conviennent.

la pantoufle de vair •	• du Chat Botté
les bottes rouges •	• d'Harry Potter
la baguette magique •	• de Cendrillon

• **Complète** chaque phrase avec un groupe nominal et un verbe de la liste.

baguette magique – a acheté – bottes rouges
a perdu – petite pantoufle – a demandé

a. Cendrillon .... une ....

b. Le Chat Botté .... une paire de ....

.... à son maitre.

c. Pour aller à l'école des Sorciers, Harry Potter ....

une ....

3 Le sandwich de Simon a disparu. Chacun raconte ce qu'il a vu et ce qu'il a fait.

- **Écris** les paroles de chaque personnage.
- **Emploie** des groupes nominaux. **N'oublie pas** les déterminants.

Réservoir de mots

j'/je • ai lu • ai fait • n'ai rien vu • journal • sieste • et • puis

L'homme : ....

....

Réservoir de mots

c'est • il • a pris • a couru • chien • sandwich • gueule • buissons • vers

La fillette : ....

....

Réservoir de mots

ce n'est pas • j'/je • ai dormi • moi • maitre • après-midi • près de • tout

Le chien : ....

....

Simon regarde le chien. Une miette de pain est encore accrochée aux poils de son museau.

- **Vérifie** tes phrases : les majuscules, la ponctuation et les verbes conjugués au passé composé. **Vérifie** aussi les déterminants et le sens des phrases. **Modifie** si tu as fait des erreurs.

21 Utiliser le passé composé
Écrire des phrases à la forme négative

Ce que je dois faire :

- **utiliser les mots de la négation dans des phrases ;**
- **écrire des phrases au passé composé ;**
- **écrire des phrases qui ont du sens.**

1 Deux histoires se sont mélangées. **Recopie** seulement l'histoire de Cosette.

Fantine, la mère de Cosette n'a pas pu garder sa fille auprès d'elle. Elle l'a confiée à la famille Thénardier. Le voyage de Nils à travers la Suède est terminé. Elle a pensé que Cosette serait heureuse dans cette famille. Mais les Thénardier ont maltraité la fillette. Maintenant, Nils a retrouvé sa taille normale. Il a beaucoup appris pendant ce voyage. Heureusement, un homme bon est venu chercher Cosette.

....

....

....

....

....

2 **Écris** le contraire de ce qui est affirmé. **Utilise** les mots de la négation : **ne ... pas**, **ne ... jamais**, **n'... pas**.

a. Les baleines sont des poissons.

FAUX : .... : ce sont des mammifères.

b. L'autruche vole souvent.

FAUX : .... : c'est un oiseau qui court.

c. L'araignée est un insecte. Elle a huit pattes.

FAUX : .... : les insectes ont six pattes.

d. L'araignée se nourrit de graines.

FAUX : .... : elle se nourrit d'insectes.

3 La personne qui a écrit ce texte a voulu aller vite. **Récris** l'histoire correctement.

- **Écris** les verbes au passé composé. **Aide-toi** du réservoir de mots.
- **Complète** les noms avec des déterminants.

Réservoir de mots

a cherché/ont cherché • a voyagé/ont voyagé • a trouvé/ont trouvé • a voulu/ont voulu
a attiré/ont attiré • a délivré/ont délivré • a eu/ont eu • a entendu/ont entendu

Mets la ponctuation qui convient.

Voici ce qu'on raconte dans tout le pays :
prince chercher longtemps princesse • il voyager dans nombreux pays • un jour trouver château abandonné • deux dragons vouloir empêcher prince entrer • prince attirer dragons dans piège • il entendre princesse appeler au secours • prince délivrer princesse • ils avoir beaucoup d'enfants

Un ....

....

....

....

....

....

....

....

....

....

....

....

....

Vérifie tes phrases : les majuscules, la ponctuation et les verbes conjugués au passé composé. **Vérifie** aussi les déterminants utilisés et le sens des phrases. **Modifie** si tu as fait des erreurs.

22 Utiliser le passé composé
Écrire des groupes nominaux

Ce que je dois faire :

- écrire des groupes nominaux avec des adjectifs ;
- reconnaitre l'ordre chronologique d'une histoire ;
- écrire des phrases au passé composé.

1 **Recopie** cette fiche. **Complète** les groupes nominaux avec les adjectifs de la liste.

Le tigre
Le tigre est **un félin** .... C'est **un animal** ....
Il attaque **des proies** .... Le tigre a **des canines** ....
Il a **un pelage** ... avec **des rayures** ....

redoutable – noires
jeunes ou âgées
longues et pointues
fauve – solitaire

....

....

....

....

2 **Recopie** les phrases de cette lettre dans l'ordre de l'histoire.

- Vous avez fait la sieste dans le lit de notre petit ourson.
- Vous avez vu la fenêtre ouverte et vous avez pu entrer dans notre maison.
- Vous avez bu le chocolat de notre fils.

Mademoiselle Boucles d'or,

L'autre jour, en rentrant chez nous, nous avons trouvé un grand désordre.

....

....

....

....

Notre fils, vous a pardonné. Il vous invite à gouter. Vous connaissez notre adresse.

Les Ours du Bois joli.

3 Boucles d'or a accepté l'invitation de la famille Ours.

a. **Écris** les paroles des personnages à côté des vignettes. **Conjugue** les verbes au passé composé avec le pronom tu. **Mets** la ponctuation qui convient : (. ? !).

pouvoir retrouver • maison • bonjour • Boucles d'or

Madame Ours dit à Boucles d'or :

– ....

....

faire • dessin • moi • pour

L'ourson demande à Boucles d'or :

– ....

....

voir • Maman • maison • c'est • notre

L'ourson dit à sa mère :

– ....

....

b. **Décris** ce qu'il y a sur la table.

- ....
- ....
- ....
- ....

Réservoir de mots

madeleines • boissons • tartelettes
fruits • brioches • chocolat
dorées • sucrées • colorées
appétissants • exquises • chaud

Vérifie les majuscules, la ponctuation, les verbes conjugués au passé composé et les accords dans le groupe nominal. **Modifie** si tu as fait des erreurs.

23 Utiliser le passé composé

Ce que je dois faire :

- **écrire les verbes du 1er groupe et le verbe être au passé composé ;**
- **écrire les participes passés de prendre, dire, faire, voir, vouloir, pouvoir et avoir ;**
- **écrire des phrases au passé composé.**

1 **Récris** ce texte avec le verbe rêver conjugué au passé composé.

Rêves de vacances	Rêves de vacances
Moi, ... de torrents.	Moi, j' ....
Toi, tu ... de marmottes.	Toi, tu ....
Elle, elle ... de fraises rouges.	Elle, elle ....
Nous, nous ... de promenades.	Nous, nous ....
Vous, vous ... d'étoiles filantes.	Vous, vous ....
Elles, elles ... d'un piquenique.	Elles, elles ....

2 L'inspecteur Néfin mène l'enquête. **Complète** les réponses avec les verbes de la liste conjugués au passé composé.

prendre – faire – voir – filer – essayer

– Le cambrioleur est entré par la fenêtre. L'avez-vous vu ?

– Non, il faisait sombre, j'.................................... seulement son ombre.

– Qu'a-t-il fait ?

– Il .... le rôti sur la table.

– A-t-il pu se sauver ?

– Il .... par la chatière.

– Avez-vous tenté de l'en empêcher ?

– J' .... mais je n'ai pas pu.

– A-t-il dit quelque chose en partant ?

– Il .... : « Miaaaou ! »

3 Ninon, Jade et Théo ont sauvé un chien blessé.

a. **Écris** ce qui leur est arrivé. **Conjugue** les verbes au passé composé.

b. **Complète** le réservoir de mots pour écrire la fin du texte en deux ou trois phrases.

Réservoir de mots

trouver • bander • téléphoner • prendre • raconter • soigner
chien blessé • patte • clinique vétérinaire • vélo
histoire • vétérinaire • blessure

....

....

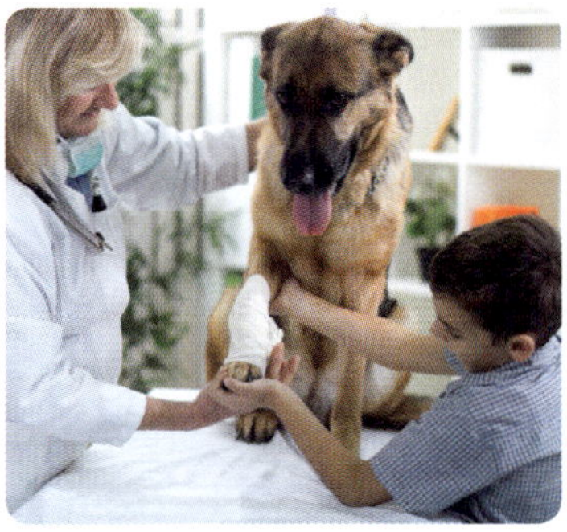

Ils ont sauvé un chien blessé !

La semaine dernière, Ninon, Jade et Théo ....

....

Jade ....

....

Théo ....

....

Puis, il a ....

....

Ninon ....

....

Le vétérinaire ....

....

....

....

Vérifie tes phrases : les majuscules, la ponctuation et les verbes conjugués au passé composé. **Modifie** si tu as fait des erreurs.

24 Écrire au passé composé
Écrire des phrases interrogatives

Ce que je dois faire :

- écrire la bonne terminaison des participes passés ;
- écrire des phrases interrogatives avec Est-ce que ou le sujet placé après le verbe ;
- supprimer ou ajouter des compléments.

1 **Recopie** ce texte en supprimant tous les compléments qui peuvent l'être.

Chers parents,
Nous sommes bien arrivés hier soir à 18 h 30. Notre chalet est au pied des pistes, à la sortie du village. Chaque jour, en début de matinée, nous prenons des leçons en petits groupes. Nous ferons des visites intéressantes tous les deux jours. Nous allons passer une semaine formidable !

Les élèves de CE2

Chers parents,

....

....

....

Les élèves de CE2

2 **Récris** les phrases interrogatives en inversant le sujet.

Réunion de famille

Papa : Est-ce-que vous avez des idées pour les prochaines vacances ?

....

Lise : Moi j'ai une idée géniale ! Est-ce que vous allez être d'accord ?

....

Tom : On peut savoir ce que c'est ?

....

Lise : Est-ce que vous voulez attendre deux minutes ?

....

Lise montre un article sur une randonnée avec des ânes.

3 Voici un exemple de fait divers qu'on peut lire dans le journal.

Il court, il court le gorille

Jeudi après-midi, la porte de l'enclos de Miki le gorille s'est ouverte et l'animal s'est sauvé. Aussitôt le personnel du parc animalier a donné l'alarme et a cherché Miki dans la forêt proche. On ne l'a pas encore retrouvé.

- **Écris** deux faits divers qui illustrent bien les images et les titres.

Réservoir de mots

propriétaire • d'une maison de campagne • incroyable surprise • bruits bizarres
toute la nuit • lendemain • grenier • des dizaines de chauves-souris
avoir • entendre • visiter • voir

Une colonie de chauves-souris dans son grenier !

....

....

....

....

Il devra attendre l'automne pour qu'elles quittent les lieux !

Réservoir de mots

toute la matinée • un chat • une vieille dame • sur le toit • animal
tremblant de peur • pour le récupérer • pompiers • grande échelle
voir • entendre • appeler • déplier • miauler

Un chaton sauvé par les pompiers

....

....

....

....

- **Vérifie** tes phrases : les majuscules, la ponctuation, les verbes conjugués au passé composé et le sens des phrases. **Modifie** si tu as fait des erreurs.

25 Écrire à l'imparfait
Écrire des phrases à la forme négative

Ce que je dois faire :

- écrire la bonne terminaison des verbes à l'imparfait ;
- utiliser les mots de la négation.

1 **Complète** avec des phrases négatives. **Utilise** : ne ... plus ; ne ... jamais ; ne ... rien.

L'ombre de Willy le lutin
Willy vivait dans la forêt. Son ombre était sa seule compagnie. Mais elle était espiègle : elle faisait tout le contraire de ce que Willy faisait. Willy voulait ramasser des noisettes. Son ombre ne voulait pas ramasser des noisettes.

- Willy voulait toujours se cacher dans les buissons. *Son ombre* ....
....
- Willy voulait encore faire la course avec les nuages. *Son ombre* ....
....
- Willy voulait tout partager avec son voisin l'écureuil. *Son ombre* ....
....

2 **Recopie** ce début de conte avec les verbes qui conviennent.

Pourquoi les lions ont-ils une crinière ?
Quand la Terre (**était/étaient**) jeune, les lions n'(**avait/avaient**) pas de crinière. Un jour, un lion (**voulait/voulaient**) se rendre à la grande assemblée des Animaux. Il (**cherchait/cherchaient**) une ruse pour entrer sans qu'on le reconnaisse, car tous (**avait/avaient**) peur de lui. Comme il (**venait/venaient**) de croiser un loup à crinière, il eut une idée...

....
....
....
....
....

3 Voici un dialogue entre trois personnages de conte. **Récris**-le sous la forme d'une histoire que tu racontes.

- **Conjugue** les verbes soulignés à l'imparfait.
- **Remplace** je par il ou par **le nom de l'animal qui parle.**

Les musiciens de la ville de Brême

Un âne marche sur la route de Brême en compagnie d'un vieux chien. Ils parlent à voix basse.

L'âne : Je vais en ville. Je veux être musicien dans la fanfare de Brême.

Le chien : Je cherche un compagnon pour commencer une nouvelle vie.

Alors qu'ils parlent tous les deux, un chat vient à leur rencontre.

Le chat : Je veux quitter la ferme car je commence à avoir peur de la fermière.

Réservoir de mots

voulais/voulait • cherchais/cherchait • parlait/parlaient • venait/venaient
voulais/voulait • commençait/commençaient

Un âne **marchait** sur la route de Brême en compagnie d'un vieux chien. Ils **parlaient** à voix basse. L'âne allait en ville. Il ....

....

....

Alors qu'.........., un chat .... vers eux.

....

....

- **Écris** deux autres phrases pour raconter la suite. **Imagine** quel animal est venu se joindre à eux. Pourquoi ?

....

....

....

....

Vérifie tes phrases : les majuscules, la ponctuation, les terminaisons des verbes à l'imparfait et le sens des phrases. **Modifie** si tu as fait des erreurs.

26 Écrire à l'imparfait
Utiliser des compléments du verbe

Ce que je dois faire :

- **écrire les verbes être, avoir, aller, pouvoir et vouloir à l'imparfait ;**
- **écrire des phrases à l'imparfait ;**
- **écrire des compléments liés au verbe.**

1 **Complète** le texte. **Place** chaque phrase ou partie de phrase ci-dessous à l'endroit qui convient.

- mais nous ne pouvions plus bouger.
- Je pouvais maintenant voir le visage de Léa.
- Nous étions terrifiées.
- J'avais envie d'éternuer.

Des pas dans le grenier

« La silhouette semblait venir vers nous. ... Nous avions envie de nous enfuir, ... Un faible rayon de lune éclairait le grenier. ... Les bruits de pas s'arrêtèrent. ... Je ne pouvais plus me retenir : « AAAtchoum ! » Un battement d'ailes s'est fait entendre. Puis cela a été le silence. »

....

....

....

....

....

....

....

2 **Complète** ces phrases avec un complément lié au verbe. **Aide-toi** du texte de l'exercice 1.

a. La Lune éclairait ....

b. Je voyais ....

c. La poussière me chatouillait ....

d. La silhouette venait ....

3 Et toi, as-tu eu peur d'un animal ou d'autre chose quand tu étais petit ou petite ?
Raconte un souvenir en répondant aux questions suivantes.
Écris des phrases à l'imparfait et au passé composé.

- **Constitue** un réservoir de mots pour écrire chaque réponse.

a. Où étais-tu ? Que faisais-tu ?

....
....
....
....

Réservoir de mots

....
....
....
....

b. De quoi as-tu eu peur ? Que voyais-tu ?

....
....
....
....

Réservoir de mots

....
....
....
....

c. Qu'as-tu fait ?

....
....
....
....

Réservoir de mots

....
....
....
....

d. Qu'est-ce que tu ressentais ?

....
....
....
....

Réservoir de mots

....
....
....
....

- **Vérifie** tes phrases : les majuscules, la ponctuation, la terminaison des verbes être et avoir à l'imparfait et le sens des phrases. **Modifie** si tu as fait des erreurs.

27 Écrire au passé composé
Écrire des groupes nominaux

Ce que je dois faire :

- **écrire la bonne terminaison des participes passés ;**
- **écrire des groupes nominaux avec un adjectif.**

1 **Recopie** les dialogues avec les adjectifs qui conviennent.

Une caissière de supermarché retrouve un portemonnaie. Elle demande à deux femmes si elles se souviennent du dernier client.

Cliente 1 : C'était un homme (brun/bruns) avec des cheveux (court/courts).
Cliente 2 : Non ! C'était une dame (blonde/blondes) avec des cheveux (long/longs).
Cliente 1 : Vous vous trompez ! Il avait une veste (noir/noire) et une écharpe (rayé/rayée).
Cliente 2 : Pas du tout ! Elle avait des lunettes (dorée/dorées) et un chemisier (vert/verts).

Cliente 1 : ....

....

....

....

....

....

....

2 **Recopie** les phrases dans l'ordre chronologique pour connaitre la suite de l'histoire.

Il est parti sans dire merci.
Plus tard, un homme avec des lunettes noires est venu réclamer son portemonnaie.
La caissière le lui a rendu.

....

....

....

....

....

3 **Complète** la fiche qui te permettra de te souvenir de ton année de CE2.
Raconte deux activités que tu as aimées : une sortie, un exposé, du sport, une visite, etc.

- **Écris** des phrases au passé composé et à l'imparfait.
- **Constitue** ton réservoir de mots.

Réservoir de mots

....

....

....

Mon année de CE2

Nom de mon école : ....

Nom du maitre ou de la maitresse : ....

Prénoms de mes meilleurs copains et copines : ....

....

Une activité que j'ai aimée : ....

....

....

....

....

Une autre activité que j'ai aimée : ....

....

....

....

....

Vérifie tes phrases : les majuscules, la ponctuation, les verbes au passé composé, l'accord de l'adjectif et les compléments. **Modifie** si tu as fait des erreurs.

28 Écrire à l'imparfait
Écrire des phrases à la forme affirmative, à la forme négative

Ce que je dois faire :

- **écrire des phrases à la forme affirmative ou négative ;**
- **écrire la bonne terminaison des verbes conjugués à l'imparfait.**

1 **Récris** ce texte. **Mets** les phrases négatives à la forme affirmative et les phrases affirmatives à la forme négative.

Boris

Le petit Boris ne marchait pas. Il rampait. Il ne cherchait jamais à se mettre debout. Ses parents le prenaient par la main mais il n'avançait pas. Son papa était inquiet. Mais aujourd'hui, le grand Boris me bat à la course.

....

....

....

....

....

....

2 **Complète** ce texte avec les verbes de la liste conjugués à l'imparfait.

être – faire – donner – avancer – prendre – ranger – pouvoir

Fais attention aux verbes en -cer et en -ger.

Au supermarché !

Quand j'.............................. enfant, je .... les courses avec mon papa. Il me .... une pièce pour le caddie. J'.............................. fièrement dans les allées du magasin. À la fin, je .... les sacs et je les .... dans la voiture. Et je .... garder la pièce !

3 **Souviens-toi** de tes années en maternelle. **Écris** quelques souvenirs.

Qu'est-ce que tu aimais faire ? Qu'est-ce que tu n'aimais pas ?

- **Écris** des phrases à l'imparfait à la forme **affirmative** et **négative**.
- Avant de rédiger, **constitue** ton réservoir de mots.

Réservoir de mots

....

....

....

....

....

Quand j'étais en maternelle, ...

Je ....

....

Je ....

....

Ma maitresse/Mon maitre ....

Elle/Il ....

....

À la récréation, avec mes copains et copines, nous ....

....

....

Je ....

Les maitresses/Les maitres ....

Vérifie tes phrases : les majuscules, la ponctuation, la terminaison des verbes à l'imparfait et l'utilisation des mots de la négation. **Modifie** si tu as fait des erreurs.

29 Utiliser le passé composé avec l'auxiliaire *être*

Écrire des compléments

Ce que je dois faire :

- **écrire au passé composé ;**
- **écrire la bonne terminaison des participes passés avec l'auxiliaire être ;**
- **utiliser des compléments liés au verbe et des compléments déplaçables et supprimables.**

1 **Recopie** ce texte avec le verbe qui convient.

1. sommes allé/allée/allés/allées
2. est venu/venue/venus/venues
3. sommes rentré/rentrée/rentrés/rentrées
4. est resté/restée/restés/restées

Dimanche dernier, mes parents et moi, nous ...1... au cinéma. Ma tante ...2... aussi. Après la séance, nous ...3... chez nous ; ma tante ...4... en ville.

....

....

....

2 Les haïkus sont de petits poèmes japonais. **Écris** deux haïkus avec les mots ci-dessous.

dans la rue • dans le jardin • dans le ciel • sur les pierres • l'hiver les soirs d'été • en plein été
le parfum des fleurs • une étoile filante • la fraicheur de la neige
je respire • j'attends • je pense à

Sur la plage,
en été,
le coquillage rêve
à de lointaines contrées.

....

....

....

....

....

3 **Tu vas écrire** un article de journal. **Regarde** bien le dessin et **lis** les consignes ci-dessous.

- **Écris** un petit article sur l'accident arrivé au skatepark.

a. **Précise** quand et où l'accident s'est passé.

b. **Présente** toutes les personnes qui étaient là : les enfants qui faisaient du skate, les enfants qui les ont rejoints, l'enfant qui est tombé, les pompiers qui sont venus à son secours, les enfants qui ont accompagné l'enfant blessé, les enfants qui sont restés pour réparer le skate.

c. **Utilise** les verbes aller, arriver, tomber, venir, rentrer, retourner et rester au passé composé.

Une chute au skatepark

Mercredi ....

....

....

....

....

....

....

....

- **Vérifie** tes phrases : les majuscules, la ponctuation et la terminaison des participes passés. **Modifie** si tu as fait des erreurs.

30 Écrire au passé composé et à l'imparfait
Écrire des groupes nominaux

Ce que je dois faire :

- réaliser les accords en genre et en nombre dans les GN ;
- utiliser l'imparfait et le passé composé.

1 **Fais** le portrait d'un monstre. **Recopie** les groupes nominaux avec des adjectifs de la liste.

velu – flasque – fripé – énorme – ébouriffé – crépu – gras – sale
puant – rond – large – tordu – édenté – minuscule

- un corps : ....
- des cheveux : ....
- des pieds : ....
- des yeux : ....
- une bouche : ....

2 **Recopie** ce début de conte avec les verbes conjugués à l'imparfait ou au passé composé.

venait/est venu • emportait/a emporté • poursuivait/a poursuivi • avait/a eu
décidaient/ont décidé • allaient/sont allées • voyaient/ont vu

Le monstre qui volait

Il y a longtemps, un monstre ... voler chaque jour dans les maisons d'un village.
Il ... tout. Personne ne le ... car tout le monde ... peur. Un jour Lilie et Julie,
les deux fillettes ... de trouver sa cachette. Elles ... dans la forêt. Elles ... une cabane.

....

....

....

....

....

....

....

3 **Tu vas écrire** la fin du conte de l'exercice 2.

Quand Lilie et Julie ont regardé par la fenêtre, elles ont vu un monstre terrifiant ...

a. **Décris** le monstre. **Utilise** les groupes nominaux de l'exercice 1.

Le monstre avait un corps ....

....

Il avait des cheveux ....

....

....

Réservoir de mots

....

....

....

Constitue ton réservoir de mots pour les consignes b et c.

b. **Imagine** et **écris** ce que Lilie et Julie ont fait pour reprendre ce que le monstre avait volé.

Lilie et Julie ....

....

....

....

c. **Raconte** leur retour à la maison : comment ont-elles été accueillies par leurs parents ?

....

....

....

....

Vérifie tes phrases : les majuscules, la ponctuation, la terminaison des verbes ainsi que les accords dans les groupes nominaux. **Modifie** si tu as fait des erreurs.

Tableaux de conjugaison

Présent

Jouer	Manger	Avancer
je joue tu joues il, elle, on joue nous jouons vous jouez ils, elles jouent	je mange tu manges il, elle, on mange nous mangeons vous mangez ils, elles mangent	j'avance tu avances il, elle, on avance nous avançons vous avancez ils, elles avancent
Avoir	**Être**	**Aller**
j'ai tu as il, elle, on a nous avons vous avez ils, elles ont	je suis tu es il, elle, on est nous sommes vous êtes ils, elles sont	je vais tu vas il, elle, on va nous allons vous allez ils, elles vont
Venir	**Voir**	**Pouvoir**
je viens tu viens il, elle, on vient nous venons vous venez ils, elles viennent	je vois tu vois il, elle, on voit nous voyons vous voyez ils, elles voient	je peux tu peux il, elle, on peut nous pouvons vous pouvez ils, elles peuvent

Vouloir	Prendre	Dire	Faire
je veux tu veux il, elle, on veut nous voulons vous voulez ils, elles veulent	je prends tu prends il, elle, on prend nous prenons vous prenez ils, elles prennent	je dis tu dis il, elle, on dit nous disons vous dites ils, elles disent	je fais tu fais il, elle, on fait nous faisons vous faites ils, elles font

Futur

Jouer	Manger	Avancer
je jouerai tu joueras il, elle, on jouera nous jouerons vous jouerez ils, elles joueront	je mangerai tu mangeras il, elle, on mangera nous mangerons vous mangerez ils, elles mangeront	j'avancerai tu avanceras il, elle, on avancera nous avancerons vous avancerez ils, elles avanceront
Avoir	**Être**	**Aller**
j'aurai tu auras il, elle, on aura nous aurons vous aurez ils, elles auront	je serai tu seras il, elle, on sera nous serons vous serez ils, elles seront	j'irai tu iras il, elle, on ira nous irons vous irez ils, elles iront
Venir	**Voir**	**Pouvoir**
je viendrai tu viendras il, elle, on viendra nous viendrons vous viendrez ils, elles viendront	je verrai tu verras il, elle, on verra nous verrons vous verrez ils, elles verront	je pourrai tu pourras il, elle, on pourra nous pourrons vous pourrez ils, elles pourront

Vouloir	Prendre	Dire	Faire
je voudrai tu voudras il, elle, on voudra nous voudrons vous voudrez ils, elles voudront	je prendrai tu prendras il, elle, on prendra nous prendrons vous prendrez ils, elles prendront	je dirai tu diras il, elle, on dira nous dirons vous direz ils, elles diront	je ferai tu feras il, elle, on fera nous ferons vous ferez ils, elles feront

Imparfait

Jouer je jouais tu jouais il, elle, on jouait nous jouions vous jouiez ils, elles jouaient	**Manger** je mangeais tu mangeais il, elle, on mangeait nous mangions vous mangiez ils, elles mangeaient	**Avancer** j'avançais tu avançais il, elle, on avançait nous avancions vous avanciez ils, elles avançaient
Avoir j'avais tu avais il, elle, on avait nous avions vous aviez ils, elles avaient	**Être** j'étais tu étais il, elle, on était nous étions vous étiez ils, elles étaient	**Aller** j'allais tu allais il, elle, on allait nous allions vous alliez ils, elles allaient
Venir je venais tu venais il, elle, on venait nous venions vous veniez ils, elles venaient	**Voir** je voyais tu voyais il, elle, on voyait nous voyions vous voyiez ils, elles voyaient	**Pouvoir** je pouvais tu pouvais il, elle, on pouvait nous pouvions vous pouviez ils, elles pouvaient

Vouloir je voulais tu voulais il, elle, on voulait nous voulions vous vouliez ils, elles voulaient	**Prendre** je prenais tu prenais il, elle, on prenait nous prenions vous preniez ils, elles prenaient	**Dire** je disais tu disais il, elle, on disait nous disions vous disiez ils, elles disaient	**Faire** je faisais tu faisais il, elle, on faisait nous faisions vous faisiez ils, elles faisaient

Passé composé

Avec l'auxiliaire *avoir*

Jouer	Manger	Avancer	
j'ai joué tu as joué il, elle, on a joué nous avons joué vous avez joué ils, elles ont joué	j'ai mangé tu as mangé il, elle, on a mangé nous avons mangé vous avez mangé ils, elles ont mangé	j'ai avancé tu as avancé il, elle, on a avancé nous avons avancé vous avez avancé ils, elles ont avancé	
Faire	**Dire**	**Vouloir**	**Pouvoir**
j'ai fait tu as fait il, elle, on a fait nous avons fait vous avez fait ils, elles ont fait	j'ai dit tu as dit il, elle, on a dit nous avons dit vous avez dit ils, elles ont dit	j'ai voulu tu as voulu il, elle, on a voulu nous avons voulu vous avez voulu ils, elles ont voulu	j'ai pu tu as pu il, elle, on a pu nous avons pu vous avez pu ils, elles ont pu
Prendre	**Voir**	**Être**	**Avoir**
j'ai pris tu as pris il, elle, on a pris nous avons pris vous avez pris ils, elles ont pris	j'ai vu tu as vu il, elle, on a vu nous avons vu vous avez vu ils, elles ont vu	j'ai été tu as été il, elle, on a été nous avons été vous avez été ils, elles ont été	j'ai eu tu as eu il, elle, on a eu nous avons eu vous avez eu ils, elles ont eu

Avec l'auxiliaire *être*

Tomber	Aller	Venir
je suis tombé(e) tu es tombé(e) il, on est tombé elle est tombée nous sommes tombé(e)s vous êtes tombé(e)s ils sont tombés elles sont tombées	je suis allé(e) tu es allé(e) il, on est allé elle est allée nous sommes allé(e)s vous êtes allé(e)s ils sont allés elles sont allées	je suis venu(e) tu es venu(e) il, on est venu elle est venue nous sommes venu(e)s vous êtes venu(e)s ils sont venus elles sont venues

Mots invariables

a
à
alors
après
assez
aujourd'hui
aussi
aussitôt
autour
autrefois
avant
avec

b
beaucoup
bien
bientôt

c
car
cela
cependant
chez
comme
comment
combien

d
dans
debout
dedans
dehors
déjà
demain
depuis
devant
donc

e
encore
enfin
ensemble
ensuite
entre
environ

h
hier

i
ici

j
jamais

l
là-bas
loin
longtemps
lorsque

m
maintenant
mais
mieux
moins

p
par
parce que
parfois
parmi
partout
pendant
personne
peu
plus
plusieurs
pour
pourquoi
pourtant
près
presque
puis

q
quand
que
quelquefois
qui
quoi

s
sans
sauf
selon
seulement
sinon
soudain
souvent
sous
sur
surtout

t
tard
tôt
toujours
très
trop

v
vers
voici
vraiment

Prénoms d'enfants

Prénoms féminins

Adèle	Fatou	Lina
Aïcha	Ina	Louna
Alice	Inès	Mia
Anna	Izia	Nara
Charlotte	Jade	Olivia
Clara	Julia	Paola
Dina	Julie	Pauline
Élise	Léa	Samia
Emma	Leïla	Selma
Éva	Léonie	Sofia

Prénoms masculins

Adam	Hiro	Noé
Akim	Hugo	Nolan
Ali	Kenji	Ousmane
Amine	Léo	Pierre
Arthur	Liam	Paul
Diego	Lino	Robin
Élias	Louis	Sélim
Enzo	Lucas	Théo
Gabriel	Mattéo	Timéo
Harry	Nathan	Tom

Illustrations

Mathilde Georges : couverture et pages intérieures
Manon Paumard : illustration de la petite chouette

Crédits photographiques

P19 ht Ph. Mikhail Blajenov © Archives Sejer ; m Ph.Bazax © Archives Sejer ; bas © sonya etchison - stock.adobe.com ; **P20** © www.stephopoloc.fr ; **P25** ht g Ph. Aaron Amat © Archives Sejer ht m © Floortje - istock.com ; ht d © adam smigielski - istock.com ; m g © kyoshino - istock.com ; m m © nikolych - stock.adobe.com ; **P26** © Bokeh Art Photo - stock.adobe.com ; **P29** © waldru - stock.adobe.com ; **P35** © Figurniy Sergey - stock.adobe.com. **P37** ht © markobe - stock.adobe.com ; m © missisya - istock.com ; bas © sarayuth3390 - stock.adobe.com ; **P39** © Imgorthand - istock.com ; **P47** © Olivier Verriest - istock.com ; **P51** © V&P Photo Studio - stock.adobe.com ; **P53** ht © Ivana Tacikova - stock.adobe.com ; m © Robin - stock.adobe.com ; **P56** © Nynke - stock.adobe.com ; **P61** © Africa Studio - stock.adobe.com.

Responsable artistique : Julie Lannes
Conception de la couverture : Jean-Marc Denglos
Conception de la maquette intérieure : Lélia Withnell
Mise en pages : Typo-Virgule
Iconographie : Sylvie Leneveu
Édition : Françoise Laurent
Responsable d'édition : Lise Hagneré
Direction éditoriale : Anne Jenner

Dépôt légal : Avril 2021
N° de projet : 10280122
Achevé d'imprimer en janvier 2022 en France à l'Imprimerie Champagne Nouvelle - Langres (52)